यथार्थ की काव्य गंगा
(भाग १)

रघुकुल यथार्थ

आभार

कविता की कोई किताब मैं लिखूँगा ऐसा मैंने कभी कल्पना नहीं किया था लेकिन सभी देवी-देवताओं और साधु संत के आशीर्वाद से लिखना शुरू किया और पूरी किताब लिखा। मैं सर्वप्रथम अपने माता-पिता, गुरु, प्रिय मित्र, परिवार, क्षेत्र वासियों, रिश्तेदार एवं मुझसे जुड़े समस्त लोगों को धन्यवाद कहना चाहूँगा क्योंकि ये किताब उनका मुझपर विश्वास का परिणाम है। आप सब के सहयोग के बिना ये किताब सम्भव ही नहीं था। इक्षा तो हो रही आप सभी के नाम लिखू पर मेरे इतने सारे शुभचिंतक है कि किताब के पृष्ट कम पड़ जाएंगे आप सभी का नाम लिखते लिखते। आप सभी खूब तरक्की करे और अपना और देश का नाम रोशन करे ईश्वर से यही प्रार्थना करता हूँ।

आप सभी प्रिय ज़न का हृदय से आभार !

क्रम-सूची

प्रस्तावना

मैं रघुकुल यथार्थ, 22 वर्षीय वाराणसी का निवासी हूं। मैं महात्मा गांधी काशी विद्यापीठ, वाराणसी का वर्तमान छात्र हूं। मैं भारतीय राजनीति मे भी रुचि रखता हूं इसलिए मैंने अपने नजरिए की सर्वश्रेष्ठ राजनीतिक दल आम आदमी पार्टी से माननीय अरविंद केजरीवाल जी और माननीय राज्यसभा सांसद संजय सिंह जी से प्रभावित होकर जुड़ा और आम आदमी पार्टी के छात्र इकाई छात्र युवा संघर्ष समिति का वर्तमान प्रदेश सचिव , पूर्व जिला अध्यक्ष (छात्र इकाई), पूर्व महानगर अध्यक्ष (छात्र इकाई) वाराणसी का रह चुका हूं।

इस किताब की अधिकांश कविताएं समाज की समस्याओं से जुड़ी हुई है। कविता लिखने के पीछे मुख्य कारण था सभी को जागरूक किया जा सके और पुरानी रीति रिवाज परंपराएं और आधुनिक भारत का समन्वय हो सके।

आपसे विशेष आग्रह है मेरा की अगर ये कविताए आपको पसंद आए तो इसको अपने परिचित लोगों तक भी इसको पहुचाने का कष्ट करे।

भूमिका

दो विशेष कविताएं एक आम आदमी पार्टी को समर्पित है और दूसरी मेरे अति प्रिय मेरे आदर्श सम्मानीय राज्यसभा सांसद श्री संजय सिंह भैया जी को समर्पित है।

पावती (स्वीकृति)

आप (आम आदमी पार्टी ?) एक नई सुबह
    आप राष्ट्रहित कार्यों की परछाई है,
यहाँ होती सबकी सुनवाई है।
    किसी जाती मजहब से हमे बैर नही,
सब अपने है कोई गैर नही।
    हमारा लक्ष्य केवल विकास है,
सब पे खरे उतरेंगे जितनी आपको हमसे आस है।
    उत्तर प्रदेश को बनाना राम राज्य है,
हर छेत्र अब तक अविक्शीत ये हमारा दुर्भाग्य है।
    लोभ नही हमे किसी पद का,
अपने वादों पे अडिग है जैसे पाव हो अंगद का।
    हर वर्ग के व्यक्तियों का इस राज में कल्यान होगा,
आपकी हर एक समस्याओं को दूर करने पे हमारा ध्यान होगा।
    अमीर गरीब में कोई फर्क़ नही,
विरोधियों के पास हमारे खिलाफ कोई तर्क नहीं।
    दुश्मनी नहीं हमारी किसी दल से,
लड़ाई है केवल बुरी विचारधाराओं वाले बल से।
    एक बार करिए आप का एतबार,
वादा है उसके बाद आप झाड़ु का बटन दबाएंगे बार-बार।
    रघुकुल यथार्थ,
प्रदेश सचिव, सीवाईएसएस, वाराणसी, उत्तर प्रदेश।

आमुख

अजेय संजय : रघुकुल यथार्थ

सारा विपक्ष इनके सामने बना भीगी बिल्ली,
अब यूपी मे आए है विकशित करने के बाद दिल्ली।
समाज सेवा करके बने है आज जननायक,
नए यूपी के बनेंगे संजय सिंह जी नायक।
यूपी मे विकास और श्री राम की ज्योत जलाएंगे,
निकृष्ट हो चुके यूपी को सर्वश्रेष्ठ वो बनाएंगे।
यूपी का लिखेंगे नया अध्याय,
विकास को बनाएंगे यूपी का पर्याय।
गरीब शोषित वंचित सब संजय संजय बोला है,
विपक्षी यूपी से जा रहे उठाकर अपना झोला है।
(आदरणीय संजय भइया जी जिंदाबाद
आम आदमी पार्टी जिंदाबाद ???)
रघुकुल यथार्थ,
प्रदेश सचिव, छात्र युवा संघर्ष समिति,
वाराणसी, उतर प्रदेश।

अध्याय1

1- मोबाइल की माया

सभी के ज़िन्दगी का ये अब अभिन अंग है
दिन हो चाहे रात ये हमेशा संग है
उसके बिना हर पल बेरंग है
ये मोबाइल ही है जिसने किया हमें बेढंग है।
    मोबाइल के बिना ज़िन्दगी अधूरी
इसने बढ़ाई बच्चो की माता-पिता से दूरी
समय बर्बाद करने के जरिये को बच्चे बताते मजबूरी
बच्चो के भविष्य के लिये इसके दुरूपयोग पे पाबंदी लगाना हो
गया है जरूरी।
    मोबाइल हो गया बच्चो के बचपना के लिए काल
हर माता-पिता खुद से पूछे ये सवाल
की इससे निखरेंगे या बिखरेंगे उनके लाल
उसके बाद ही उनको मोबाइल करने को दे इस्तेमाल।
    मोबाइल ने ख़त्म किये है सबके संस्कार
इसने सबके अंदर भर दिया अहंकार
समय बदलने पर बेटा बाप पर ही करता प्रहार
आविष्कार को अभिशाप बनने से पहले करना होगा इसका
बहिष्कार।
    मोबाइल चला के युवा अपना भविस्य सवारना चाहते
बिना किसी मेहनत के वो पैसा कमाना चाहते
केवल सपनो में ही अधिकारी बनना चाहते
हक़ीक़त में इनकी मेहनत देख लगता कि ये कुछ नही करना

चाहते।

मोबाइल के पीछे ना जाने कितनों की ज़िन्दगी हुई बर्बाद
नही कम हुआ इसका दुरूपयोग उसके भी बाद
कैसे दिलाऊ इनको याद
की इसको त्यागने के बाद ही होगी ज़िन्दगी आबाद।

मोबाइल पे ही बच्चे अपना पूरा समय बिताते
मैदान में खेलने से ये कतराते
मोबाइल के जरिये अव्वल आना चाहते
मानसिक के साथ-साथ शारीरिक विकास भी बहुत जरुरी है आप
उनको ये क्यों नही बताते।

मोबाइल-मोबाइल बहुत हो गया अब इसको बच्चो के इस्तेमाल से
रोका जाए
वरना तब पछताये क्या फायदा जब चिड़िया खेत चुग जाए।

रघुकुल यथार्थ,
वाराणसी, उत्तर प्रदेश।

2- गंगा माँ की जुबानी
यूँ तो मैं केवल पानी हूँ,
चलती ज़िन्दगी की कहानी हूँ।
गंगाजल बनके मैं सुख दुख में काम आयी,
मुझको मलिन करने में तुमको शर्म नही आयी
मैं आज तक कहीं ठहरी नहीं,
तुम्हारे द्वारा डाले गए गन्दगी से उभरी नही।
तुम माँ की उपाधि मुझसे ले क्यों नही लेते,
जब तुम मुझे माँ जैसा सम्मान दे ही नही सकते।

पंचतत्व का हिस्सा हूँ,
मेरी इज़्ज़तत करो नहीं तो मैं भविष्य में एक किस्सा हूँ।
मेरे एक बूंद से पापी भी पवित्र हो जाए,
और मुझमे कूड़ा फेक-फेक के मुझको आदमी अपवित्र करता जाए।
क्यों करते हो मेरी पूजा अर्चना,
सबसे पहले बंद करो मुझमे कूड़ा फेकना।
कइयों के लिए मैं पानी हूँ और कइयों के लिए गंगाजल,
मेरे संतान ही मुझको मैला कर के रहे है छल।
कहीं ना कहीं मैं गंदगी से लिपटती जा रही हूँ,
और धीरे धीरे तस्वीर में सिमटती जा रही हूँ।
मेरी एक-एक बूंद है बहुत कीमती,
मुझे गंदा मत करो ये है मेरी सबसे विनती।

रघुकुल यथार्थ,
करौंदी, वाराणसी।

3- रस से भरा बनारस
बनारस शहर नही सपना है,
यहाँ कोई पराया नही सब अपना है,
इतिहास से भी ज्यादा ये पुराना है,
यही पे बसना चाहता जमाना है,
काल भैरव स्वयं कोतवाल है,
उनके आशीर्वाद स्वरूप मिला सबको भौकाल है,
महादेव का प्रिय नगर है,
उम्र कोई भी हो सबके दिल में उल्लास की लहर है,
यहाँ के मिठाइयों का नही कोई जोड़,
बनारसी पान का तो कोई जोड़ ही नही वो है बेजोड़,

यहाँ के चाट का अलग ही चाटकारा है,
शहर में गूंजता हमेशा महादेव का नारा है,
स्वाद नहिं मिलेगा कहीं पहलवान जैसे लस्सी का,
अगर शान्ती चाहिये तो पकड़ लो एक किनारा अस्सी का,
मशहूर चाची की इमरती भी है,
अमुल्य यहाँ की संस्कृति भी है,
संगीत से भी रिश्ता बहुत पुराना है,
राम नगर में रहता काशी नरेश का राज घराना है,
बी०एच०यूं० ने बढ़ाया मान है,
ये शहर मोक्ष का भी धाम है,
यहाँ धर्म जाती का कोई बन्धन नहीं सब रखते ठाठ है,
यहाँ दस - बीस नहीं कुल अठासी घाट है,
बाबा विश्वनाथ स्वयं यहाँ विराजते है,
दुख सुख में सब उन्ही का नाम लेकर सामन्जस्य बैठाते है,
ना जाने कितने महान पुरषो और महान संतो की है कर्म भूमि,
सारनाथ में रहे थे बारह वर्ष गौतम बुद्ध जैसे मुनी,
यहाँ बहती है कुल पाँच नदिया,
बनारस को समझने में बीत जायेंगी ना जाने कितनी सदिया,
सुबह और शाम हर चौराहे पे सजती यहाँ महफिल है,
बनारसी साड़ी कि क्या बात करे वो तो पूरी कातिल है,
मंदिर मस्जिद गुरुद्वारा गिरजाघर को मिलता एक बराबर सम्मान है,
बड़े मासूमियत से देते है जवाब अगर करता कोई अपमान है,
दिखावा नही केवल देशी रिवाज़ है,
सबसे अलग अपना बनारसी अंदाज है।
रघुकुल यथार्थ,

4 - जिद्द

अभी नही हु मैं हारा,
मुझे बनना है हिन्द का सितारा।

हमेशा करूँगा मंज़िल तक पहुचने का प्रयास,
कभी न ख़त्म होने दूंगा मन में जीत की आस।

औरो के दुःख पे हँसने का नही रखता हूं इरादा,
मौका मिला तो बदलाव ला के दिखाऊंगा है मेरा वादा।

माना के मेरे पास धन है कम,
लेकिन इतना भी नही की खरीद न सकू दुसरो का गम।

मैं नही चाहता की लोग मुझे वह्वायी दे,
बस मेरा एक शब्द दुश्मनो को तबाही लगे।

सपने साकार होने का हौसला नही चाहिए मुझे,
वो जज़्बा दे की नींद ही न आये मुझे।

मत बना मुझे इतना बड़ा की बड़पन ख़त्म हो जाए,
बस मेरे ख़त्म होने के बाद मेरी छवि धूमिल न पड़ जाए।

रखु सूरज जितनी गर्मी चाँद जितनी शीतलता,
उन सब के लिए मार्गदर्शक बनु जो है अपने लक्ष्य से फिसलता।

औरो के खुसी के सामने अपने गम छिपा लूंगा,
मेरे अश्क़ जो छलके उसे संभाल लूंगा।

मेरी बर्बादी के लिए जो दे रहे बदुआ,
उनके भी कामयाबी की करूँगा दुआ।

ज़िन्दगी सफ़ेद सपने रंगीन रखता हूँ,
शौक ना पालने का अपराध संगीन करता हूँ।

मौका हाथ से गया ज़िन्दगी जीने की कसर नही,
समुन्दर शांत है इसका ये मतलब नही की उसमे लहर नही।

नाकामियों में क्या जुरंत की मेरी हिम्मत तोड़ दे,
मैं वो दीपक हु जिसको देख के हवा भी अपना रुख मोड़ दे।

लोग कहते है मेरी जुबान पे बहुत कड़वाहट है,
अब उन्हें क्या बताऊँ की मुझे सच बोलने की आदत है।

कद्र करता हु सबकी क्योंकि मुझे सबकी अहमियत पता है,
सहूलियत बरतता हु बस इतनी सी खता है।

बाज़ हु बादल चीर के उड़ जाऊँगा,
आज नही तो कल दुश्मनो के घर जीत का पैगाम मैं भिजवाउंगा।

मैं नही हर मंज़िल है मेरे लिये बेताब,
मेरी ज़िन्दगी बन गयी पहेली जो थी पहले खुली किताब
हे ईश्वर !।

औरो से जो गलती हुई उन्हें माफ़ कर दो,
उनका सब दुःख मुझको दो मेरी सब खुशी बाट दो।

मेरे कामयाबी से मत जल दोस्त वो फल मेरे कर्मो का,
नाकामियां के आईने में अपनी सूरत देख के मत डर वो सजा तेरे
अधर्मो का।

मेरे अपने ही मेरे खिलाफ षड्यंत्र रचते है,
हम सब कुछ जानते हुए अंजान बन उसमे जा फसते है।

अमीर गरीब में नही करता हु कोई अंतर,
सबको अपने आप भा जाता हूँ मुझे थोड़ी न आता है कोई जादू
मंतर।

चलो सुख दुख को आपस में रज़ामंद कर दे,
बस अब ज़िन्दगी की किताब यही बंद कर दे।

:- रघुकुल यथार्थ

5- हाँ हाँ मैं बेरोजगार हुँ

मेरी आंख खुलते ही परिवार ने देखा ख्वाब,
की मैने धारण किया है डॉक्टर-इंजीनियर का पोशाक।

अभी अपने नन्हे पावँ पे ठीक से हो नही पाता खड़ा,
की तबतक कंधो पे बस्ता का बोझ आन पड़ा।

विद्यालय जाते वक़्त रोया करते,
पिता ने बताया की शिक्षा से ही भविष्य सवरतें।

फ़िर हमने किताब को अपना मित्र बनाया,
उज्वल भविष्य के लिये शिक्षा का इत्र लगाया।

पहले पड़ाव दसवी (10) के लिये किया कड़ा अभ्यास,
कड़ा अभ्यास के फल स्वरुप दसवी (10) किया पास।

अब जिंदगी को सवारने के लिये अहम मोड़ पे थे,
हम बारहवी (12) में अंको का कीर्तिमान तोड़ पड़े थे।

विश्वविद्यालय में परचम लहराया,
अपनी काबिलियत से सबको लुभाया।

अपने काबिलियत पे था एतबार और,
शुरु हो गया प्रतियोगी परीक्षाओं व साक्षातकार का दौर।

धीरे धीरे उम्र की सीढ़ी चढ़ते गया,
परीक्षाओं व साक्षात्कार का परिणाम टलते गया।

अब सबके ताने सुनने को मिलते,
समाज के तमाम जिल्लत सहने पड़ते।

मैं एक निम्न मध्यम वर्ग घर का,
जिस शिक्षा को अमृत समझा वो लगता अब जहर सा।

यहाँ पैरवी और पैसो वालो को नौकरी मिलता,
हम गरीब को हर जगह से केवल ना सुनाने को मिलता।

अब नौकरी के लिये शिक्षा जरुरी नही,
पैसा और पैरवी ही योग्यता हो गई।

सरकार के नाकामियों का शिकार हुँ
हाँ हाँ मैं बेरोजगार हुँ।

रघुकुल यथार्थ,

6- जांबाज फौजी

वो बचपन से ही देश प्रेम में दीवाना था,
भारत माँ के सेवा के लिए सरहद उसको जाना था।
        आज उसका सपना सच हो गया,
फौज की वर्दी में सज वो गया ।
        जी जान लगा के देश की सुरक्षा वो करता था,
बात देश की हो तो मरने से भी नहीं डरता था।
        आज परीक्षा की घड़ी आई है,
दुश्मनों से छिड़ गई लड़ाई है।
        अपने साहस और पराक्रम से दुश्मन की नींद उसने उड़ाई है,
पर लड़ते लड़ते आज शहादत उसके नसीब में आयी हैं।
        उसकी शहादत से देश की आंखे नम है,
वीर सुपुत्र खोने का भारत माता को भी गम है ।
        उसकी लाश देख के परिवार पे क्या बीती होगी,
कहा से आएगी अब घर की रोटी जब ये बात सोची होगी,
        पिता का तो कलेजा ही फट गया,
जब देखा की बेटा ताबूत में सिमट गया,
        माँ अपनी ममता किसपे लुटाएगी,
बेटा तो राख हो गया पर उसकी याद कैसे भूलाएगी ।
        अब तक छुटि नही थी हाथों की मेहँदी,।।।
उजड़ गया उनका सुहाग कैसे ये बात किसी ने कह दी,
        बहन किसके कलाई पर राखी सजाएगी,
रक्षाबंधन पे किस पे अपना हक जताएगी।
        कुल का दीपक तो बुझ गया,
पर अपना नाम अमर कर गया।

भारत माँ का सच्चा लाल था,
फौजी सबसे कमाल था।

    हर भारतीय के एक एक साँसों में जिंदा रहेंगे फौजी,
ऐसे ही उनको अमर रखने की कोशिश हमारी होगी।

रघुकुल यथार्थ,
    7- समय अपना अपना

तुम दिन भर मौज करते हो रात में तुम्हारे पास सोने के लिए
घर है,
ज़रा उनके बारे में सोचो जो दिन भर मेहनत करते है फिर भी
बेघर है।

    न जाने तुम खर्च कर देते हो कितने फ़ालतू पैसे,
उनको तो ये ही नही पता की दो हज़ार के नोट होते है कैसे।

    तुम्हारे शौक सभी कीमती है,
उस गरीब बच्चे की एक वक़्त की भूख नही मिटा सकते जो
तुमसे कर रहा विनती है।

    तुम्हारा पलंग होता है रुई सा,
उनको संसार चुभता सुई सा।

    तुमको केवल सुख मिला दुःख को न देखा करीब,
उनका क्या कसूर जब बादनीसब बना गया उनको नसीब।

    ना जाने तुमने जिद करके अपने कितने अरमां पुरे करवाये,
और वो कठिन परिश्रम के बाद भी एक वक़्त की रोटी नही कमा
पाये।

    तुम पढ़ने के लिए अच्छे स्कूल जाते ,
वो एक किताब ख़रीदने के लिए मज़दूरी करके धूल खाते।

तुम्हारे पास घूमने के लिए मोटर कार,
उनको समाज का दुश्मन बता के बड़े कर रहे उनका बहिस्कार।
तुम अपने जुबान पे आज तक टिके नही,
वो मजबूर है फिर भी कभी बिके नही।
जो तुम फेंक देते हो निवाला,
खाने के लिए मजबूरी में उसने उस निवाले को कचरे से निकाला।
तुम्हारी इज़्ज़त! इज़्ज़त उनकी इज़्ज़त कुछ नही,
तुमसे तो अच्छे वो है जो हमेशा खुश रहते भले उनके पास सम्पति कुछ नही।
तुमको उपलब्ध सभी सुविधाएं है,
उनके जीवन के हर कदम पे दुविधाएं है।
उसकी मदद करने को तुम समझते हो उपकार,
अपनी निंदा सुनते-सुनते उसका इंसानियत से उठ गया एतबार।
तुम्हारे ज़िन्दगी के हर मोड़ पे दफ्न कई राज़ है,
उसके हर ख्वाब सुना साज़ है।
तुमको नही पसंद की कोई करे तुमसे ऊँची आवाज़ में बात,
भूल गए क्या उस भिकारी को जिसको तुमने मारी थी लात।
सारे दुनिया के दुखों की बरसात उन्ही पे बरस गयी,
क्या था उनका कसूर,
जो गरीब के घर में पड़ी लाश कफ़न को तरस गई।
हाँ वो और कोई नही गरीब है,
वो ईश्वर और इंसानियत के सबसे करीब है।

:- रघुकुल यथार्थ

8- ए सरकार होशियार

छात्रों का दिल बेकरार है,
पढ़ाई लिखाई सब बेकार है,

दे दो सरकार नौकरी,
छात्र कर रहा गुहार है।
    बहन- बेटियां को नहीं सुरक्षा,
सरकार नहीं कर पा रही रक्षा,
शोषण करने वाले तो बैठे हैं सदन में,
इज़्ज़त बचाने की चल रही है परीक्षा।
    व्यापारियों की हालत पस्त है,
सरकार खा पी कर मस्त है,
सारा व्यवसाय बंद हो रहा,
अर्थव्यवस्था हो रही ध्वस्त है।
    किसान पर हो रहा अत्याचार,
जुल्मी सरकार कर रही अनाचार,
सरकार दोस्तों को खुश करने में,
सभी हदे पार कर के कर रही भ्रष्टाचार।
    देश का कर रहे बेड़ागर्क,
जनता के सवालों का नहीं कोई तर्क,
विकास का झूठा जुमला देकर,
देश को बना रहे नर्क।

रघुकुल यथार्थ
वाराणसी

9- मैं गाँव हूँ

    विकास की आस में तुम छोड़ आए जो छाव,
मैं बोल रहा वही तुम्हारा अपना गाँव।
    उम्मीद है कि तुम वहाँ ठीक होगे,
गाँव की कीमत शहर में रहकर सीख रहे होगे।
    जिस पेड़ के छाव में तुम बड़े हुए,
शहर की धूप लगने के बाद फिर उस छाव में ना तुम खड़े हुए।

तुम्हारे जाने के बाद ये मैदान पड़ गए है सुने,
आधुनिक बनने की होड़ में खेलना-कूदना सब भूले।
गाँव की पगडांडी पर नहीं कोई करने वाला सैर,
तुम्हारा इक्षा नहीं होता कि खाउ तोड़ के खट्टे मीठे बेर।
गर्मी में ये तुम्हारा पुरा दिन बगीचों में बिताना,
भविष्य की चिंता छोड़ कर वर्तमान का जश्न मनाना।
पूरा गांव होता था एक परिवार समान,
आंच किसी पर आए तो तैयार रहते देने को जान।
आज सारी संस्कृति सभ्यता को करके दर किनार,
पैसा पैसा करते करते भूले सारे तीज त्योहार इतवार।
खुशहाली और अपनेपन का ठांव है गाँव,
वहां जाने पर भर जाते है दिल और शरीर के सारे घाव।
गाँव को मत भूलो यारों गांव केवल स्थान नहीं एक भावना है,
अगर गाँव नसीब है तो उसकी कद्र करो क्योंकि गांव ना जाने कितनों के लिए कल्पना है।
रघुकुल यथार्थ

10- अविस्मर्णीय
(किसी सम्मानीय व्यक्ती के निधन के बाद)
ये कैसी घड़ी आई है,
देश में शोक की लहर छाई है,
लगता है की देश से छीन ली गई उसकी परछाई है,
क्या खूब इश्वर तेरे मन में भी समाई है,
जो विधि के विधान ने ऐसी परिस्तिथि दिखाई है,

राष्ट्रवादिता की लौ उन्होनें जलाई है,

आम जानता की आवाज उठाई है,

देश के विकास के लिये दुश्मनों से की लड़ाई है,

ना जाने कितनी बार ठोकरे खाई है,

कितनी बार उनके जान पे बन आई है,

पर कभी शत्रुओं को पीठ ना दिखाई है,

मृत्यू ही जिवन की असली सचाई है,

बाकी दुनिया तो पराई है,

ये हम सबके के लिये एक अनंत तन्हाई है,

जिन्होने कुछ कर गुजरने की इक्षशक्ती जगाई है,

अब उन्होने हे ले ली हम सब से विदाई है,

ये कैसी घड़ी आई है।

रघुकुल यथार्थ,
करौंदी, वाराणसी।

11- उम्मीद

रखो हौसला मंज़िल दूर नही
ऐ ज़िन्दगी मैं तुझसे मजबूर नही
जीतूंगा मैं ज़िन्दगी की दौड़ ये मेरा आत्मविश्वास है फितूर नही
कामयाबी तो मेरे नस नस में हार के बाद जीत ज्यादा दूर नही।

रखता हूं हौसला बाज़ी पलटने का
है जिगर राह के मुसीबतों से लड़ने का
सलीका पता है ज़िन्दगी के सभी प्रश्नों से निपटने का
ऐ हार मुझे आत्मविश्वास है तुझे झेलने के बाद सँभलने का।
ऐ दुश्मन मैं तेरे हर वार को नाकाम करूँगा
इस जहाँ के दिल में अपना मक़ाम करूँगा
पुरे सभी अपने अरमान करूँगा

इस जहां को अपने नाम करूंगा।

रघुकुल यथार्थ

12- हम अंग्रेज

हम बड़ो को हाय हैलो करने वाले,
हमारे पूर्वज बड़ो का चरण स्पर्श करने वाले।

हम किताब को कागज मानने वाले,
वो इसको माँ सरस्वती का रूप बताने वाले।

हम मोबाइल पर बचपन बिताने वाले,
वो खेत खलिहान मे खेल कर स्वास्थ बनाने वाले।

हम शिक्षा को रट के पढ़ने वाले,
वो गणित का कठिन से कठिन सवाल मुह जुबानी सुलझाने वाले।

हम ए सी कार मे भी गर्मी महसूस करने वाले,
वो साइकिल पर भरी दुपहरिया में पूरा गांव नाप देने वाले।

हम डैड और मॉम बोलने वाले,
वो बाबु जी और अम्मा बोलने वाले।

हम संयुक्त परिवार को बोझ समझने वाले,
वो इसको ईश्वर का वरदान समझने वाले।

हम सपनों की दुनिया मे जीने वाले,
वो परिश्रम करके घर का भाग्य बदलने वाले।

हम हर सुविधा होते हुए भी असफल होने वाले,
वो गरीबी मे पढ़ कर सफल होने वाले।

हम भाग्य का रोना रोने वाले,
वो दुर्भाग्य को ललकार सौभाग्य मे बदलने वाले।

रघुकुल यथार्थ

13- हम जनता

हम जनता इस लोकतंत्र के खेवनहार,
हमको इज़्ज़त मिलता पांच साल मे एक बार।

इस महंगाई मे अपना घर कैसे चलाए,
अपना ये तकलीफ किसको बताए।
      गाड़ी तो है पर पेट्रोल डीजल के दाम आसमान छू रहे,
हम नेता से सवाल पूछते तो वो इसे फिजूल कह रहे।
      हमारे जरूरी मुद्दो से हमको भटका रहे,
कुछ भी पूछो तो जाती धर्म मे अटका रहे।
      जनता की स्थिति बदहाल है,
नेता होते जा रहे मालामाल है।
      हम जनता किससे फ़रियाद करे,
भ्रष्ट नेताओं को आखिर जरूरत मे कैसे याद करे।
      हमारी समस्याओं को नहीं कोई करने वाला हल,
ऐसे ही नेता लोकतंत्र को कर रहे विफल।
      अब हम नहीं बिकेंगे शराब और नोट पे,
इन नेताओं की औकात दिखाएंगे अपने वोट से।
      रघुकुल यथार्थ

14- मैं सड़क
      कोई महंगे जुते पहन के चल रहा मुझ पर,
कोई नंगे पांव कर रहा सफर,
मैं सबको उसके मजिल तक पहुचा रही,
अमीरी गरीबी से होकर बेख़बर।
      कोई खुशी मे शामिल होने जा रहा कोई गम मे,
एक जंग लड़ रहा हर राही अपने मन मे,
पर मैं तो निरंतर चलने को प्रेरित करती हूं,
क्योंकि सूर्य धरती से ही नजर आता है गगन मे।
      कोई गांव की ओर जा रहा कोई जा रहा शहर,
कोई निर्माण के लिए चल रहा कोई ढा रहा कहर,
मैं सही और गलत का फर्क़ नहीं बताती,

कर्म की चिंता किए बिना सब कर रहे अपना अपना सफर।

कोई धरती पर अपनी अंतिम उपस्थित दर्ज कराने जा रहा श्मशान,

वही एक नन्हा बालक नाप रहा धरती से आसमान,

सपने अपने अपने सपनों मे मशगूल है,

मुझ पर ही सफर करके सब कुड़ा कचड़ा फेंक कर रहे अपमान।

मुझपर चलने वाले हर राही के दिल की धड़क हूं,

सबको मजिल तक पहुचाने वाली मैं सड़क हूं।

रघुकुल यथार्थ

15- हे यथार्थ

हे यथार्थ जाग सको तो जगो,

इस धरती पर इतिहास रच सको तो रचो,

अनाचारीयौ का बढ़ता जा रहा धरती पर द्रोह,

कर सकते हो तो पापियों के खिलाफ विद्रोही करो,

इस अपाहिजों की धरती पर मुह सबका खुलवाओ

हे यथार्थ इस दुनिया को जगाओ।

बेईमान लूट रहे इस देश को,

श्री कृष्ण के भेष मे तुम आओ,

सबको उनके कर्म की सजा दे जाओ,

हे यथार्थ इस दुनिया को जगाओ

पैसे से खजाना भर लिया,

कर्म का खजाना खाली है,

सबको कर्म का महत्व समझाओ,

हे यथार्थ इस दुनिया को जगाओ

अपनी संस्कृति संस्कार सब भूल रहे,

खोखली पश्चिम संस्कृति की ओर दौड़ रहे,

सबको तुम सनातन का महत्व बताओ,

हे यथार्थ इस दुनिया को जगाओ।
     इस पैसे के पीछे दौड़ती दुनिया मे,
आस्था का रस तुम घोल दो,
श्री राम की महिमा तुम गाओ,
हे यथार्थ इस दुनिया को जगाओ।

रघुकुल यथार्थ

आपका हृदय तल से आभार!